PETIT MANUEL
RÉPUBLICAIN

A L'USAGE

DES HABITANTS DES CAMPAGNES

PAR

Un Républicain Socialiste

De St-Gengoux-le-National.

MACON,

IMPRIMERIE DE H. ROBERT.

1849.

Avant-Propos.

C'est à vous, cultivateurs, à vous, ouvriers des champs, qui avez été jusqu'à présent regardés et traités comme des gens sans aucune importance, créés seulement pour travailler d'un soleil à l'autre, que s'adresse ce petit livre. Lisez-le avec attention. Aujourd'hui que l'immortelle Révolution de février a fait de vous des citoyens, en vous octroyant l'exercice de votre souveraineté reconquise, et qu'elle a rendu chacun de vous l'égal d'un roi, il ne vous est plus permis de croupir dans l'ignorance de vos droits et de vos devoirs. Ces lignes ont pour but de vous les faire connaître. Méditez-les donc avec soin ; et si vous sentez que ce soient bien là les réflexions que vous vous êtes souvent faites intérieurement ; si instinctivement, et sans vous en être jamais rendu compte, vous espériez que le gouvernement de la République serait précisément tout semblable à celui que veulent établir les républicains que les royalistes désignent sous le nom de *rouges;* en présence des élections qui s'approchent, soutenez, défendez ces hommes pleins d'énergie et de patriotisme, qui, depuis bien des années déjà, sacrifient, pour l'amélioration de votre sort, leurs veilles, leur liberté, et jusqu'à leur vie.

Avec le suffrage universel qu'ils vous ont déjà donné, vous pouvez tout ; car vous êtes les plus nombreux, et le vote du premier venu d'entre vous a autant de valeur que celui de *son maître*. Le plus pauvre est l'égal du plus riche en face de l'urne électorale.

Votre sort est donc entre vos mains. Avec de bons représentants, vous aurez de bonnes lois, faites à votre avantage et non à celui de ceux qui, depuis trop longtemps, vivent des fruits légitimes de votre travail. Cessez de croire que fermier, vigneron, forgeron ou charron, vous devez livrer à votre *Monsieur*, en sus de votre travail, votre liberté d'agir, de penser et de voter. Il y a assez longtemps qu'on vous trompe, qu'on abuse de votre crédulité et de votre patience. Votre bonheur, l'avenir de vos frères et de vos enfants dépendent des choix que vous allez faire. C'est à vous de savoir si vous voulez mettre un terme à votre asservissement, ou continuer à subir l'influence de vos exploiteurs; de savoir si vous voulez rester perpétuellement à la merci de toutes les misères qui pleuvent chaque jour sur vous, ou si vous voulez enfin vous soustraire à l'exploitation de l'usure, des impôts disproportionnés, des frais énormes de justice, de l'impôt du sang, et de toutes les plus lourdes charges de la société dont d'autres récoltent tous les bénéfices.

CHAPITRE PREMIER.

Coup-d'œil sur la position des partis.

La République proclamée le 24 février 1848 fut accueillie par les uns avec joie, par d'autres avec hésitation et surprise, par le reste avec terreur.

Ceux qui l'ont reçue avec joie, abreuvés d'amertume et de déceptions, sont actuellement en proie à la douleur et à l'indignation; mais, malgré les poursuites du pouvoir et les calomnies réactionnaires, ils luttent avec énergie contre les ennemis de la République, et, pleins de foi dans l'avenir de l'humanité, ils sauront surmonter tous les obstacles par leur courage et leurs travaux.

Ceux qui ont éprouvé de la surprise et manqué de confiance d'abord dans la stabilité de la République, se sont pour la plupart franchement ralliés, et, bien que trompés dans leur espoir, comme les premiers, ils ne laisseront pas périr, sans les défendre, les institutions conquises en Février.

Quant à ceux qui ont eu peur, peur pour leurs privilèges, peur de la justice populaire, une fois revenus de leur émotion, ils ont juré une haine implacable à la République; ils ne peuvent lui pardonner leur lâcheté et sa magnanimité. Une fois qu'après s'être comptés ils se sont vus tous debout, sans qu'un cheveu de leur tête et un sou de leur bourse leur aient été enlevés, le courage et l'espoir leur sont soudain revenus, et, ralliant leur armée en déroute, ils se sont mis immédiatement en campagne pour tenter de renverser l'édifice frêle encore de la République. C'est en cette occurrence qu'enhardis par la grandeur et la générosité du peuple souverain, ainsi que par la mollesse de nos représentants, ils ont commencé à faire usage des armes de Loyola. La calomnie a été s'attacher à la réputation de tous les hommes de cœur; la perfidie et la ruse, tour-à-tour dirigées contre eux, les déchirent avec des succès divers; puis, ayant exploité sous toutes leurs formes la peur, l'ignorance et la misère, ils sont enfin parvenus, à l'aide d'infamies sans nombre, à se retrouver les maîtres de la place.

Alors ils se sont déclarés *seuls républicains, seuls honnêtes, seuls modérés.* Ne voulant aucun changement au sort des travailleurs, aucun soulagement à leurs souffrances, ils ont représenté les républicains sincères comme des furieux sanguinaires, voulant couvrir la société de ruines et de carnage. Tout homme qui a voulu mettre un terme à l'asservissement, à la misère ou à l'ignorance des classes laborieuses, a été traité de rouge, d'anarchiste, d'ennemi de l'ordre public, de socialiste, de communiste, de voleur.

Aujourd'hui ils ont levé le masque et se montrent dans toute leur insolence. Ils révoquent tous les fonctionnaires qui ont pris part à la révolution de Février, et menacent tous les bons citoyens qui ne veulent pas tremper dans leurs complots.

L'arbitraire en tout à la place de la loi, voilà leur guide; ils n'attendent enfin que le moment propice pour frapper au cœur notre République, à laquelle ils ne peuvent pardonner de les avoir fait trembler, puisqu'elle ne devait pas les abattre.

CHAPITRE II.

Des causes qui nous ont conduits à la réaction.

Parmi les membres du gouvernement provisoire, Ledru-Rollin est le seul qui ait compris la révolution de Février.

N'étant pas assez connu en province, les hommes de son parti ne l'ont pas suffisamment soutenu. Les ennemis de la République, eux, ont eu bien plus de finesse d'esprit que les républicains. Certains que Ledru-Rollin était l'âme de notre révolution, ils ont juré sa ruine ; ils l'ont épié dans ses moindres actes, et à l'aide de ce système d'interprétation qu'ils aiment à employer, les circulaires et les commissaires des départements leur ont fourni l'occasion de le perdre. Ils l'ont saisie avec empressement, et par des pamphlets anonymes, les diatribes et les injures les plus odieuses, ils sont parvenus pendant quelque temps à lui ôter, dans la classe des travailleurs, la considération et le prestige indispensables à tout homme politique.

Le citoyen Lamartine dominait et arrêtait pendant ce temps le torrent révolutionnaire par ces paroles magiques qui enthousiasment et enivrent un peuple, mais qui l'illusionnent, l'engourdissent, lui font perdre des moments précieux, l'endorment pour ainsi dire, pour ne lui laisser au réveil que de beaux songes et d'amères désillusions.

8

Les élections du 4 avril se sont faites que la *ré-action* commençait déjà à apparaître, recouverte d'un masque. Elle exploita l'ignorance des campagnes et la misère des villes, en affichant l'amour du peuple qu'elle saturait des plus belles promesses.

La manifestation de mai et l'impôt des 45 centimes la servirent à merveille, et de ce jour elle se montra à découvert.

La misère dans Paris était à son comble! Aucun acte en faveur de la classe ouvrière n'était apparu, aucune réforme sociale n'avait été tentée!

Les ateliers nationaux furent brusquement dissous ; et des milliers d'ouvriers sans ressource jetés sur le pavé, l'insurrection de juin éclata. Journées à jamais néfastes, pages de notre histoire que l'on voudrait pouvoir arracher du livre!!! tache de sang qui ne s'effacera jamais!!!

Après ces jours de désespoir et de deuil, le peuple avait tout perdu : sa force, son prestige, son droit au travail et même à la commisération ; car dans nos campagnes, un pauvre ouvrier exténué de fatigues et de besoins n'aurait trouvé que le pain de la captivité pour se sustenter, et les murs d'une prison pour recevoir son corps exténué. Tout malheureux était un insurgé, et tout insurgé un brigand, un galérien, un homme enfin, qui, pour le plaisir seul de détruire, ne demandait que meurtre et pillage; comme si la faim seulement ne rendait pas le lion cruel!

C'est à cette époque que des gens payés, on ne sait par qui (par ceux qui avaient intérêt à renverser la République, sans doute), parcoururent les campagnes, jetant partout l'effroi de l'incendie. C'était un moyen déjà employé en 89 par les aristocrates; mais quoique vieux et connu, il n'en réussit pas moins, et les populations effrayées durent croire un instant à la ruine de la société tout entière.

Enfin, l'élection du 10 décembre arriva. Trois candidats étaient sur les rangs : Louis-Napoléon, Cavaignac et Ledru-Rollin.

Napoléon fut élu par 5 millions et demi de voix, par vous tous, ouvriers des villes et des campagnes.

Vous aviez tous souffert depuis le 24 février; vos métiers ne marchaient pas; vos récoltes ne se vendaient pas; vous ne trouviez plus d'argent à emprunter. L'impôt des 45 centimes avait contribué à vous faire haïr tous les hommes qui avaient pris part au gouvernement de la République. Le nom de Napoléon vous rappelait des souvenirs de gloire, vous vous êtes jetés à lui comme à l'ancre de salut. Vous l'avez tous nommé avec la conviction qu'il relèverait l'honneur national, qu'il redonnerait à la France cet enthousiasme de gloire, sa passion dominante. Vous avez cru, comme on vous le promettait en son nom, qu'il paierait les dettes de la France, qu'il rembourserait les 45 centimes, qu'il vous exempterait d'impôts pendant trois ans. Mensonges grossiers! Vous avez cru aussi qu'il donnerait tous ses soins à vos intérêts, qu'il tournerait toutes ses affections sur vous, pauvres cultivateurs, pauvres prolétaires, qui auriez tout sacrifié pour le faire arriver au premier poste du monde, à la présidence de la République française.....

Mais à peine ses ministres furent-ils installés dans leurs somptueux hôtels, qu'ils débutèrent par une violente opposition à la réduction de l'impôt du sel. En cela, ils n'ont fait que manifester la pensée et la volonté politique de Louis-Napoléon. Ensuite, au lieu de faire de la conciliation et de proposer une amnistie générale, ils ont été violents et provocateurs. Ils ont révoqué, destitué, suspendu tous les fonctionnaires dévoués à vos intérêts, et les ont remplacés par ceux qui s'étaient distingués sous l'ancien régime par le mépris le plus prononcé des classes ouvrières et des principes républicains. Ils ont confié le commandement de l'armée des Alpes au massacreur de Transnonain, au général Bugeaud. Le commandement de toutes les forces armées de Paris a été mis entre les mains du général Changarnier, un homme qui se parfume comme une femme, qui doit son avancement au cri de : Vive le roi ! proféré en Afrique, et dont tout le monde connait les tendances despotiques. La brave garde mobile, dissoute par lui, a vu ses chefs traités avec une arrogance sans pareille et jetés en prison. Enfin, ils ont relevé l'échafaud politique, aboli par le peuple.

Voilà comment les royalistes ont traité cette magnanime Révolution, qui avait pris pour devise : Liberté, Egalité et Fraternité ; mots divins dont ils ont fait trois mensonges que l'on pavane sous les yeux du peuple, comme pour le railler de sa défaite.

CHAPITRE III.

Ce que c'est qu'un gouvernement républicain.

Un gouvernement républicain est la représentation des intérêts de tous, par tous et pour tous.

En d'autres termes, tout citoyen, étant égal en droits à un autre, exerce le pouvoir souverain par l'élection, est électeur et éligible.

Tout électeur, étant souverain, a le droit de prendre part à la création du pacte social et des lois qui en découlent, de changer l'ordre politique et social. Il délègue à cet effet, sa part de souveraineté à un certain nombre de mandataires dont la réunion forme la représentation nationale, pouvoir seul souverain par délégation.

Le choix de ses représentants est donc le plus grand acte que le peuple puisse faire, c'est la source de tout son bonheur ou de tous ses maux.

Celui qui, en République, s'abstient volontairement de voter, commet un crime envers la société.

Tout citoyen, qui est appelé à faire un choix, ne doit consulter que l'intérêt général, sans se laisser influencer par des considérations de famille, d'intérêt ou d'amitié. Il doit comprendre que son choix ne doit se porter que sur des hommes dévoués à la cause du peuple, prêts à sacrifier leur liberté et leur vie pour les principes qu'ils professent; que s'ils appartiennent à la classe de la *haute bourgeoisie,* il faut qu'ils aient donné des gages de leur caractère et de leur indépendance, par des *actes* et non par des *paroles.*

Le peuple doit choisir surtout de ces citoyens qui abordent franchement le principe démocratique, et ne cherchent pas à caresser toutes les classes, à flatter tous les partis; mais qui se posent ouvertement, carrément, les soutiens des classes opprimées contre les privilégiés, fondant leurs principes sur la justice et le droit de chacun.

CHAPITRE IV.

Du socialisme.

Le socialisme est un terme générique ; c'est le fait de s'occuper de la société, de ses vices, de ses plaies, de ses souffrances, des améliorations qu'elle est en droit d'espérer, de la réforme des abus qui se sont glissés dans toute son organisation, et qui sont défendus comme un droit et une propriété *par ceux qui en profitent,* au détriment de ceux qui en souffrent.

Le socialisme est la fraternité en exercice; c'est l'opposé de la maxime : chacun chez soi, chacun pour soi, qui n'est bonne que pour les puissants ; c'est le contraire de l'égoïsme et de l'individualisme.

C'est encore l'association *volontaire* de citoyens dans le but de mener à bien une entreprise, un travail ; de se créer un crédit pour faciliter la réalisation de ce travail, et se sortir des griffes des usuriers. C'est l'union des faibles, opprimés, contre les puissants, oppresseurs. C'est l'extinction de la pauvreté, des crimes et des vices de la société, provenant de l'abandon des classes laborieuses et du dédain qu'on professe pour les malheureux.

Les socialistes placent les intérêts de tous avant l'intérêt de chacun et les prétentions particulières.

La solidarité humaine ou l'intérêt général est leur foi, l'Evangile ou les préceptes du Christ leur code ; ils cherchent à sortir le prolétaire, c'est-à-dire, le cultivateur, l'ouvrier, le petit bourgeois, le petit marchand, de l'état de misère et de dépendance où les retiennent plongés depuis si longtemps les puissants, les gros capitalistes, la concurrence et l'ignorance.

Ils cherchent une organisation de la société, qui donne au travailleur la part qui lui revient légitimement dans le produit de son travail, avec l'indépendance ; ces deux rouages indispensables à la bonne marche d'un gouvernement républicain.

Les socialistes veulent détruire cette puissance formidable de la féodalité financière , autrement dit , la ligue des grosses fortunes mobilières contre le travail , la puissance des écus.

Ils veulent empêcher, ils veulent ôter la faculté au plus fort d'écraser le faible ; ils veulent sortir au faible la faculté de diminuer son salaire au préjudice de ses frères, ce qui conduit la classe laborieuse droit à l'esclavage en la mettant à la merci de quelques pièces de cent sous.

Voilà ce que c'est que ce fameux socialisme dont on vous effraie, rien qu'avec le *mot seul*. Rassurez-vous donc, cultivateurs et propriétaires, toute théorie, tout parti qui prêcherait l'immoralité, qui exciterait au désordre, au meurtre et au pillage , serait bientôt voué au mépris général et réduit à l'impuissance.

Loin d'être dangereux pour vous, le socialisme est votre seul ami véritable, c'est en lui seul que vous trouverez le remède à vos maux.

L'on cherche à vous épouvanter, à reculer autant

que possible l'heure de votre affranchissement, qui sonnera aussitôt que vous vous serez rendu compte de la science sociale, du socialisme ; aussitôt que vous connaîtrez toute l'étendue de vos droits ; ce qui, si vous le voulez, ne peut tarder d'arriver.

CHAPITRE V.

Notre société est-elle vicieuse ?

Une société est reconnue vicieuse, lorsqu'elle ne s'appuie pas sur la justice et la vérité.

La justice ne veut pas : — Que le plus petit nombre soit heureux au détriment du plus grand nombre, ou que celui qui vit dans l'oisiveté, dans l'opulence, profite des fruits légitimes de celui qui travaille ; — Que celui qui n'a que sa journée pour faire vivre sa famille paie autant de cote personnelle que le plus riche ; — Que les domestiques de ce dernier ne paient rien ; — Que la corvée du pauvre manœuvre soit aussi forte que celle du riche ; — Que celui qui a un revenu de 500 fr. paie 50 fr. d'impôt foncier, qu'il prélève sur son nécessaire, tandis que celui qui a 20,000 fr. de rentes ne paie que 2,000 fr., charge insensible pour lui et qui touche à peine à son superflu ; — Que celui qui a sa fortune en argent ne prenne aucune part aux charges de l'Etat ; — Que l'impôt des douanes, des contributions indirectes, du timbre, de l'enregistrement soit le même pour le pauvre qui en est accablé que pour le riche qui ne s'en aperçoit même pas ; — Que celui qui emprunte 500 fr., par suite de gêne, se trouve forcé de payer 50 fr. tant pour différence d'intérêts que frais d'obligation et autres ; — Que celui qui est dans l'impossibilité de payer une dette de 100 fr. se voie ruiné par les frais énormes de justice, qui s'élèvent à environ 120 fr. pour une saisie-exécution, et à 600 fr. au moins pour une simple expropriation.

La justice ne veut pas non plus, qu'une veuve avec des mineurs, forcée de vendre ses immeubles pour se libérer, voie ses affaires croupir trois ou quatre ans devant un tribunal, et le peu qui lui restait être absorbé par les frais de justice ;

Que celui qui n'a pas d'argent ou d'outils pour se mettre au travail, se voie condamné à rester dans la misère en se rongeant le cœur de désespoir.

Que le pauvre qui n'a pas de grains pour sa famille l'achète à ces revendeurs des campagnes qui le lui font payer un tiers au-dessus du cours, moyennant un délai de six mois ;

Que les aristocrates tiennent les pauvres dans l'ignorance et même dans leurs vices pour les abrutir et les enchaîner ;

Que les moindres fautes commises par le peuple soient sévèrement punies, tandis que celles des hommes puissants ou protégés par eux restent cachées ou tolérées ;

Que l'honnête et brave ouvrier qui meurt dans la misère soit enterré avec les ornements les plus mal-propres de la sacristie, sans qu'aucune cloche ne vienne appeler les prières fraternelles sur lui ;

tandis que le riche immoral ou inhumain, méprisé de ses compatriotes, est enterré avec une armée de prêtres récitant des prières pendant 24 heures à la grande volée de toutes les cloches de la paroisse;

Que le fils d'un bourgeois, livré au libertinage ou à l'oisiveté, inutile à la société, se fasse exempter du service militaire avec les écus de son père, et que le fils d'une pauvre famille, qui était parvenue, à force de sacrifices et de veilles, à lui procurer un état lucratif, soit obligé d'abandonner son avenir, sa famille, et d'affronter la mort pour la conservation des propriétés et de la tranquille oisiveté du riche;

Que le gouvernement reconnaisse le droit à la propriété de celui qui hérite et possède, et ne veuille pas reconnaître le droit au travail du pauvre prolétaire qui endure toute espèce de privation, faute des outils ou de l'ouvrage que la société lui refuse;

Que le cultivateur qui compte sur sa récolte pour payer sa ferme ne puisse la vendre à aucun prix, par suite de la connivence des capitalistes et grands industriels qui se liguent pour arrêter tout commerce afin de contraindre les travailleurs à abandonner leurs idées d'affranchissement et de liberté, et les réduire à se trouver très heureux d'être exploités par ce petit nombre de despotes financiers.

Non, tout cela n'est pas juste, sans compter toutes les autres injustices dont notre société fourmille, et qu'il serait trop long d'énumérer.

Que ne les faites-vous donc cesser, aristocrates et bourgeois *honnêtes* et *modérés*, qui parlez sans cesse d'ordre, de moralité, de justice, de loyauté et d'honneur? Sachez que nous ne faisons pas des révolutions pour le plaisir de nous faire tuer.

Comprenez donc, enfin, qu'une révolution est une protestation contre l'ordre de choses existant et reconnu vicieux ; que l'avènement de notre République ne doit pas se contenter de mettre Louis-Napoléon à la place de Louis-Philippe ; que la Révolution a été faite avec des idées autant sociales que politiques, et que nous voulons tous une République démocratique et sociale.

CHAPITRE VI.

Des représentants dits de la Montagne.

Les représentants qu'on appelle Montagnards, parce qu'ils siègent à l'Assemblée nationale sur les bancs les plus élevés de l'extrême gauche de la salle, sont les vrais représentants des intérêts populaires, de sincères et fermes républicains, décidés à tout souffrir plutôt que de céder devant la réaction royaliste.

Voici le résumé de leurs idées :

La liberté, l'égalité et la fraternité, cette devise de la République, forment leur dogme, l'objet de leur culte; c'est de cette loi suprême que découlent toutes les lois souveraines appelées à régir l'humanité.

La liberté et l'égalité, c'est le droit.

La fraternité, c'est le devoir.

Le droit protège l'individu ; le devoir le soumet à la société.

Le droit que veulent les représentants de la Montagne, pour nous tous Français, ils le veulent aussi pour tous nos frères des autres nations qu'oppriment les *tyrannies*.

Ils veulent que notre glorieuse armée soit, *s'il le faut*, l'armée de la liberté.

Tout peuple, suivant eux, a pour principe *la famille*, base éternelle des sociétés. Toucher aux liens naturels qui unissent le père, la mère et l'enfant, c'est attenter à la vie même du genre humain.

La propriété pour eux est *aussi sacrée* que le *travail* dont elle est le mobile et le prix.

Loin de vouloir la détruire, ils veulent l'étendre, la rendre accessible à tous, par l'essor même des institutions sociales.

Pour eux, le travail est la puissance de l'homme sur la matière ; ce n'est pas un devoir, c'est un besoin, un droit.

Le droit au travail, c'est le droit à la vie sous la condition de l'emploi des forces physiques et intellectuelles de l'homme.

La propriété, c'est le travail réalisé.

L'Etat doit donc, suivant eux, intervenir, non pour fournir le travail, mais les moyens et instruments de labeur.

Ils veulent mettre fin à l'exploitation de l'homme par l'homme, abattre les deux derniers tyrans du peuple l'*ignorance* et la *misère*.

Ils veulent que l'instruction et l'éducation générale et professionnelle soient données gratuitement à tous les citoyens.

Ils veulent que l'Etat régularise le crédit : ils

veulent, par conséquent, la création de banques hypothécaires, de banques cantonnales où, avec des garanties, l'emprunteur trouve, presque sans frais, l'argent qui lui est nécessaire, afin de le soustraire à l'exploitation des usuriers.

Ils veulent encore l'abolition immédiate des droits réunis, des octrois, de toutes les contributions qui frappent les objets de première nécessité, tels que les boissons, le sel, la viande, etc., etc.

Ils veulent l'abolition de l'impôt des patentes, des portes et fenêtres.

La réforme des impôts fonciers, de manière que celui qui n'a rien ou à peine de quoi vivre, ne paie rien ; que celui qui a le nécessaire assuré, paie peu ; que celui qui a plus, paie davantage ; que celui qui a beaucoup, paie beaucoup.

Ils veulent qu'on impose l'argent placé, afin de dégrever les champs et les maisons.

Ils veulent, enfin, un impôt proportionnel et progressif sur le revenu net ;

La réduction des frais de justice ;

La réforme administrative ;

La révision des lois sur le recrutement, et la diminution du contingent de l'armée ;

Ils veulent, en dernier lieu, qu'on encourage l'association des travailleurs, et qu'on favorise et honore l'agriculture jusque-là trop délaissée.

Ils veulent, en un mot, la réalisation de la République démocratique et sociale.

—————

CHAPITRE VII ET DERNIER.

Conseils sur les élections prochaines.

Citoyens des campagnes, une chose que nous ne saurions trop vous recommander , c'est de vous souvenir que, nobles ou bourgeois, tous ces hommes qui vont venir se recommander à vous sous le titre d'*honnêtes* et de *modérés*, ne veulent aucun changement à l'ordre de choses qui a été renversé en Février. Ils ne veulent rien améliorer, ils ne veulent placer aucun baume sur vos souffrances, ne veulent rien arracher aux étreintes de la misère qui vous retient dans l'asservissement ; ils ne veulent, à aucun prix, vous sortir de l'ignorance où vous êtes sur la généralité de vos droits.

Ces hommes ne comprennent la liberté que pour eux, et comme un moyen de vous mieux exploiter.

L'égalité consiste pour eux à écraser ceux qu'ils croient au-dessous d'eux.

La fraternité est un mot qui leur fait dégoût !

Abandonnés, comme vous êtes dans vos campagnes, à l'influence du bourgeois, du maire ou du curé, il vous est très difficile de connaître, au moment des élections, le nom des hommes qui représentent réellement vos intérêts ; recevant des listes de toutes parts, vous vous trouvez très embarrassés; tout naturellement, vous choisissez celle qui vous vient de celui que vous estimez ou affectionnez le plus, persuadés que vous êtes, que ceux qu'il porte doivent être d'*honnêtes gens* ; car vous n'avez dans votre route que cette étoile pour vous guider.

Dans tous les partis, sachez-le, il y a d'honnêtes gens. Dans le parti aristocratique, carliste ou monarchien (c'est-à-dire dans le parti opposé à toute réforme, à toute amélioration), il se trouve des hommes très aumônieux, très serviables et toujours disposés à soulager les malheureux. Il ne s'en suit pas pour cela que ces hommes doivent faire un bon choix pour les élections ; car soit par ignorance des véritables intentions de nos républicains, soit par une opinion qu'ils se sont faite sans s'en être trop rendu compte, soit par peur ou défiance naturelle de tout ce qui est progrès ou idées nouvelles, ils choisiront toujours des hommes disposés à soutenir les privilégiés de la naissance, de la fortune, et vous laisseront continuellement exploiter sans qu'il vous soit possible de faire soutenir vos droits, jusqu'à présent sacrifiés et méconnus.

Cultivateurs ou ouvriers, vous ne devez donc avoir confiance, pour le choix de vos représentants, que dans le comité central démocratique de votre département, composé d'hommes essentiellement républicains, qui travaillent sans discontinuer à faire triompher les principes qui doivent amener une amélioration à votre sort.

Il y a assez longtemps qu'on calomnie près de vous ces hommes courageux, il est temps que vous appreniez à les connaître. Vous avez usé de ces *fameux modérés*, de ces *honnêtes par excellence*. Qu'ont-ils fait pour vous depuis un an ? rien !! rien !!

C'est-à-dire, si, ils ont fait beaucoup.

Ils vous ont chargés d'impôts extraordinaires, au lieu d'imposer seulement le superflu des classes riches.

Ils ont fait leur possible pour maintenir l'impôt du sel.

Ils ont repoussé la création d'une banque hypothécaire, qui vous eût permis de trouver de l'argent à 3 pour cent, et eût dégagé vos biens des hypothèques qui vous ruinent.

Ils ont provoqué la guerre civile par des mesures réactionnaires, brutales.

Ils ont cherché à noyer dans des flots de sang les libertés que vous avez conquises. Chaque jour ils poussent à l'émeute afin de trouver l'occasion de frapper la République.

Mais la force est de votre côté ; restez calmes à toutes les provocations, et si leur témérité les poussait jusqu'à la démence, jusqu'à porter une main impie sur la forme du gouvernement, s'ils osaient méconnaître votre souveraineté et attenter à la Constitution....., en vous levant comme un seul homme, en prenant les armes pour défendre vos droits acquis, vous feriez acte de patriotisme et de bon citoyen, et vous les replongeriez dans le néant.

Ne vous laissez pas cependant aller à l'insouciance ; retrempez vos âmes dans le souvenir de la mâle énergie de vos pères ; les élections approchent, votez tous pour ceux qui vous soutiennent et non pour ceux qui veulent qu'un petit nombre de citoyens vivent gorgés de richesses aux dépens de votre travail et de vos sueurs.

Si vous ne pouvez connaître avec certitude la

liste qui sortira du comité central républicain, soumettez-les toutes à la consultation de vos *maîtres* ou bourgeois, que vous savez hostiles à l'affranchissement du peuple, autrement dit, au parti de Ledru-Rollin ; celle qui leur fera froncer le sourcil, celle qu'ils attaqueront comme composée d'hommes soit disant dangereux sera la bonne, celle que vous devrez adopter, la vôtre.

Ils cherchent à vous effrayer, à se servir de votre crédulité en vous traçant de sombres tableaux où ils peignent les républicains comme des brigands, comme des gens qui veulent prendre la moitié de vos terres, des socialistes et des communistes, enfin.

Sachez que les communistes sont des citoyens qui ne veulent *rien prendre* à personne, et qui ne cherchent que le moyen de procurer à tous le bonheur, de faire pratiquer la fraternité dans la société, ainsi que nous l'a enseignée *Jésus-Christ*. Quant aux socialistes, comme je vous l'ai expliqué plus haut, ils ne veulent que guérir les plaies du corps social au moyen de l'association *volontaire* des travailleurs, et autres réformes qui ne sont en rien menaçantes pour les bases de la société, qui sont : la famille, la propriété, l'ordre et la liberté.

N'ayez donc aucune épouvante de ces fantômes qu'on agite à vos yeux pour vous fasciner et vous tromper. Ne faites pas comme les oiseaux, que vous éloignez de vos champs au moyen d'une blouse et d'un chapeau placés au bout d'une perche ; et sachez enfin distinguer de vos ennemis les hommes qui veulent vous soustraire au joug avilissant de la *misère et de l'ignorance.*

FIN.

TABLE DES MATIÈRES.

www.ingramcontent.com/pod-product-compliance
Lightning Source LLC
Chambersburg PA
CBHW061821060726
47597CB00008B/3295